GOLDMANN

Autor

Hans Kruppa, geboren 1952, lebt in Bremen. Er hat Gedichte und Märchen, Erzählungen und Aphorismen, Romane und Hörspiele geschrieben und Lyrik-Anthologien herausgegeben. Schreiben ist für ihn die zum Beruf gemachte Berufung, „eine Tätigkeit, die mir wie auf den Leib geschrieben ist, ein buchstäbliches Abenteuer, das mich zu immer neuen Ufern der Phantasie lockt." (H. K.)

Von Hans Kruppa sind im Goldmann Verlag
außerdem erschienen:

Nur für Dich. Gedichte (8869)
Nur wer sich liebt. Gedichte (8971)
Schau mal rein. Gedichte (8920)
Der Witz dabei. Mini Geschichten (21028)
Ein Abend mit Dir. Roman (9234)
Liebesgedichte. (9266)
Mitgefangen-Mitgehangen. Irrwitzige Geschichten (9457)
Die fliegenden Erdbeeren. Roman (9631)
Lust auf Leben. Gedichte (9713)
KAITO. Ein Märchen (9422)

Hans Kruppa

Du lebst in mir

Liebesgedichte

Mit Illustrationen
von Catherine Ducloux

GOLDMANN VERLAG

Der Goldmann Verlag
ist ein Unternehmen der Verlagsgruppe Bertelsmann

Made in Germany · 6/92 · 1. Auflage
Genehmigte Taschenbuchausgabe
© 1989 by Franz Schneekluth Verlag, München
Umschlaggestaltung: Design Team München
Umschlagillustration: Catherine Ducloux
Druck: Presse-Druck Augsburg
Verlagsnummer: 9716
SD · Herstellung: Ludwig Weidenbeck
ISBN 3-442-9716-9

Jetzt sitz ich hier,
höre Musik und warte
auf deinen Anruf –
und wenn es klingelt,
fängt mein Tag an.

Die Anfänge auskosten

Es ist schön,
dich ein bißchen zu kennen
und deine Telefonnummer
in meinem Kopf zu haben.
Es ist schön,
so etwas wie Liebe
zwischen uns für möglich zu halten,
auch wenn alles unverbindlich ist —
wie zwischen Fremden,
die sich auf der Straße zulächeln.
So ist es ein Abenteuer,
dein Gesicht unauffällig
mit meinem Blick zu streicheln,
wenn du zur Seite siehst —
und mich zu freuen,
wenn deine Augen manchmal
für Sekunden strahlen
und noch schöner werden,
wenn sie in meine schauen.
Ja, es ist schön,
die Anfänge auszukosten
und nicht nach ihrer
Entwicklung zu fragen.

Weißt du, wie?

Vielleicht haben wir
die gleiche Sehnsucht,
und vielleicht können wir sie
aneinander stillen.
Und dann
beginnen wir uns
womöglich zu lieben.

Oder wir flüchten voreinander –
aus Angst vor der Macht,
die der eine über den anderen
gewinnen könnte.

Oder wir trennen uns –
wie zwei Fremde,
die sich auf der Straße
kurz zulächeln und sich
schon wieder verlieren.

Oder ganz anders.
Weißt du, wie?

Ich lasse mich gern überraschen.
Und wenn auch du nicht weißt,
was auf der nächsten Seite
unserer Geschichte steht,
ist die Spannung ganz
auf unsrer Seite.

Flüsternde Blätter

Im Schatten dieses Baumes
sehen die Häuser friedlich
und freundlich aus in dem
schmeichelnden Spiegel
des Sommerlichts.
Blätter flüstern im Wind,
versprechen magische Abende
in Räumen, wo die Phantasie
die Wirklichkeit verführt.
Und Zeit löst sich auf
in der Intensität
unseres Lächelns.

Der ganze Himmel

Im tiefsten
Teil der Nacht
flogen wir
auf der Höhe
unsrer Träume.

Aus reiner Sehnsucht
waren die Flügel,
die uns über
uns selbst hinaustrugen.

Von dort oben
sah die Vergangenheit
so klein aus...

und der Augenblick
war der ganze Himmel.

Von Glück reden

Ich kann
von Glück reden,
mit dir schweigen
zu können
und unsre Blicke
tauschen zu lassen,
was das Herz begehrt.

Seitdem

Alles ist verzaubert,
seit du in mir lebst.
Jeder Blick enthüllt
ein Geheimnis
in vertrauter Umgebung,
jeder Gedanke erreicht
unberührte Tiefen der Einsicht −

und jedes Lächeln
ist der Beginn
eines neuen Lebens.

Tief unter der Haut

Jetzt, wo du schon
seit einer Stunde weg bist,
spüre ich erst richtig,
was du mir alles
in den Körper gelegt hast
an Genuß und Glück.

Ich brauche nicht
an dich zu denken,
wenn ich dich
so in mir fühle.

Durch und durch

Wenn du plötzlich
auf offener Straße
laut auflachst
und die Passanten dich
für verrückt halten —
dann weiß ich, Liebe
ist der Grund.

Wenn der Sommerwind dir
exotische Träume ins Herz weht
und du die Augen schließt,
weil du so viel mehr siehst —
dann weiß ich, Liebe
ist der Grund.

Doch wenn wir uns
so in die Augen schauen,
daß es mir durch und durch geht,
daß die ganze Welt um uns herum
zu existieren aufhört,
dann weiß ich nicht,
warum ich wunschlos glücklich bin
und zugleich weinen könnte.

Vielleicht ist das
der Regenbogen des Gefühls.

Wenn ich mit dir bin

Wenn ich mit dir bin,
ist es leicht, mir treu zu sein,
denn ich spüre: was immer ich auch tu,
es ist das Richtige in deinen Augen.
Ich brauche nicht originell zu sein,
du willst nicht von mir unterhalten werden.
Wir lauschen ganz einfach der Stille
zwischen unseren Worten, die so viel sagt.

Freiheit in der Liebe heißt,
tief in sich selbst zu sein,
während man tief im anderen ist.

Wie du mich nimmst

Wie du mich nimmst,
wenn ich mich
dir gebe —
das nimmt mir
den Atem,
das schleudert mich
in den freien Raum
eines Gefühls,
das die Sterne
umarmt.

In der Magie

Wir wissen nicht,
wieviel Zeit uns noch bleibt.
Jeder Abschied
könnte unser letzter sein.
Die Liebe ist
noch unsicherer als das Leben –
und die Macher
stehlen uns Stück für Stück
die Zukunft aus dem Haus,
während wir unsere
Vergangenheit beerdigen.

Doch in der
Magie des Augenblicks
sind wir jenseits
von Zeit und Raum –
und nichts hat ein Ende.

Feuervögel

Als Feuervögel flogen wir
in das Land ohne Worte
und ohne Erinnerung,
wo jeder Augenblick
aus sich selbst entsteht
und nichts aufeinander aufbaut,
weil es keine Zeit gibt —

nur den Zauber,
der Träumen Wirklichkeit schenkt,
nur die berauschende Musik
ineinander versunkenen Lebens.

Als Feuervögel flogen wir
dem Himmel in die Arme
und kannten keine Grenzen.

Das war vor Tagen;
seitdem hat die Erde uns wieder.

Aber wer einmal so zusammen flog,
der will nichts andres mehr.

Das Schweigen zwischen uns

Ohne Worte kann ich
dir mehr sagen
als mit dem besten Gedicht,
das ich dir schreibe.
Das Schweigen zwischen uns
ist freier
als Sprache je sein kann;
was gesagt ist,
ist gefangen, preisgegeben
und klingt meistens
nicht neu.
Unser Schweigen
bewahrt sein Geheimnis
und läßt uns
gerade dadurch
an ihm teilhaben.

Eine Welt in der Welt

Es gibt eine Welt
in der Welt,
die ganz anders ist.

In sie hineinzuwachsen,
um mehr und mehr
ein Teil von ihr zu werden,
ist das schönste Bild des Lebens,
das ich mir machen kann −
zu malen mit den Farben
der Liebe und Verzauberung
auf der Leinwand des Vertrauens.

Nie weiß man

Liebe ist der gemeinsame Versuch,
den Abgrund
zwischen Sehnsucht
und Wirklichkeit
zu überbrücken.
Magie ist der
einzige Stoff,
aus dem diese Brücke
gebaut werden kann.
Es ist ein Glücksfall,
wenn der Versuch gelingt.
Und nie weiß man,
wie lange die Brücke trägt,
denn der Zauber geht
so leicht verloren.

Ineinandergesunken

Ineinandergesunken
lagen wir da
und atmeten
in einem Rhythmus.

Mir wurde schwindelig,
als ich versuchte,
mich von dir zu lösen.

Magnetische Umarmung –
ein Wahnsinnsglück.

Die mutigste aller Künste

Liebe ist die höchste,
die mutigste aller Künste.
Sie wagt die Bewegung ins Ungewisse
und kümmert sich nicht
um Verlust oder Gewinn.
Sie öffnet die Augen
für das Wunderbare;
sie ist das wahre Leben.

Sie ist ein Spiel
mit höchstem Einsatz —
ein Risiko, eine Gefahr.
Wer wagt, gewinnt —
auch durch Verlust.
Wer sich enthält,
bleibt armselig
und wird vorzeitig alt.

Dein Los

Auf Nummer sicher
kannst du nicht gehen —
nicht wenn du gewinnen willst
in dem Spiel, das keins ist.
Du selbst bist der Einsatz,
Ungewißheit ist dein Los,
Glück dein möglicher Gewinn.
Du hast viel zu verlieren,
aber bleibt dir eine andre Wahl?
Halbherzigkeit hat noch keinen Menschen
ans Ziel seiner Sehnsucht gebracht.

Was uns ernährt

Liebe kann beginnen,
wenn zwei
mit dem Brennstoff
ihrer Träume
ein Feuer anzünden,
das mehr Licht und Wärme
in ihr Leben bringt.

Liebe kann enden,
wenn einer der beiden
zu spät neuen Brennstoff
nachlegt.

Denn was uns ernährt,
will ernährt sein.

Laß uns eins sein

Laß uns nicht über den
Mangel an Liebe
auf der Erde reden,
wenn die Sonne
die Haut streichelt
und uns mit ihrer Wärme liebkost.
Berühr mich lieber.
Und ich schließe die Augen
und seh dich,
wie du wirklich bist.

Laß uns eins sein,
während alle Welt weiterhin
sinnlose Grenzen verteidigt −
Mauern um Herzen und Seelen,
vor denen die Lebensfreude
nur das Fürchten lernt.

Es kommen neue Chancen

Ich sah Liebe Wunder vollbringen,
und ich sah sie scheitern
wie eine blutige Anfängerin.
Ich sah Liebe Krankheiten heilen,
und ich sah sie tiefe Wunden schlagen.

Nein, so war es nicht.
Es war nicht die Liebe,
die scheiterte und die verletzte.
Es waren die Menschen,
die an der Liebe scheiterten
und sich dabei verletzten.

An der Liebe zu scheitern
ist keine Schande –
es kommen neue Chancen.

Aber den Glauben an sie aufzugeben,
ist eine Art von Selbstmord.

Kontrolle

Frei und beschwingt
solltest du sein,
nicht der Spielball
eines Mannes,
der dir nachspioniert,
dich kontrolliert.

Kontrolle ist der Totenschein
von Liebe und Vertrauen,
der Wille zur Macht
über einen anderen Menschen,
die Angst vor seiner Freiheit.

Aber beherrscht werden
kann auf die Dauer nur,
wer sich beherrschen läßt.

Guter Rat

Du warst zu lange auf Reisen,
deine Rückkehr verzaubert nicht mehr.
Während deiner spürbaren Abwesenheit
gab es eine Revolution
und ein Erdbeben,
das Warten wurde abgeschafft
und ein alter Weg ans Licht erneuert.

Nun kommst du zurück, sonnenverwöhnt,
und klagst über das kühle Wetter.
Wenn dich nicht mehr bekümmert –
ich weiß guten Rat:
Warum nimmst du nicht
ein heißes Bad?

Abhängigkeiten

Wenn ich dir sage,
es ist nicht gut zu essen,
nicht gut zu trinken,
zu schlafen und zu atmen,
weil man ohne all dies
nicht leben kann,
schaust du mich
befremdet an.

Doch wenn ich dir sage,
daß nur eine Liebe,
ohne die man
nicht leben kann,
stark genug ist,
Wunder zu wirken,
bekommst du Angst
um deine Freiheit.

Und ich schaue dich
befremdet an.

Nur ein Teil

Ich möchte dir
meine Liebe geben,
aber nicht mein Leben,
sagtest du mir.
Ich ergänzte in Gedanken:
also dein Herz,
aber nicht deine Seele;
dein Begehren,
doch nicht deine Hingabe.

Eine Liebe,
sage ich dir,
die nicht auch dein Leben ist,
in keine ganze Liebe,
nur ein Teil.

Solange deine Liebe noch
getrennt von deinem Leben ist,
solange dein Herz nicht
dasselbe will wie deine Seele,
solange dein Begehren nicht
in deine Hingabe mündet,
wird meine Liebe nur
traurig den Kopf schütteln.

Denn ihr Weg führt
tief ins Untrennbare.

Nicht mal ein Lächeln

Wenn Verheißung
in Enttäuschung umschlägt
und helle Freude
in Traurigkeit ertrinkt –
wenn ein Mensch,
in dessen Nähe
vor ein paar Tagen noch
das Glück berührbar war,
jetzt nicht mal mehr
ein kleines Lächeln
aus dir hervorlocken kann,
dann ist es gut,
daß die Sonne scheint
und ein bißchen Geld
im Portemonnaie steckt,
mit dem du dir
in einem Plattengeschäft
Musik kaufen kannst,
die im Herzen verstummt ist.

Ist es nicht schade?

Ist es nicht schade,
daß die Pflanze unsrer
Gefühle schließlich doch
eingegangen ist?
Wie oft haben wir sie
mit neuer Hoffnung gedüngt,
wenn sie ihre Blätter hängen ließ!
Vielleicht hatte sie nicht
den richtigen Platz
in unserem Leben,
vielleicht bekam sie
nicht genug Licht.
Sie war ein anspruchsvolles Wesen –
was sie zum Wachsen brauchte,
konnten wir ihr
am Ende nicht mehr geben.

Doch der Duft
und die Schönheit ihrer Blüten
werden in uns weiterleben.

Es ist aus

Es ist aus,
und es wird
keinen neuen Anfang mehr
zwischen uns geben.
Der Hagel der Enttäuschung
hat alle Knospen zerstört,
die noch hätten blühen
und uns die Augen
öffnen können
für die Pracht,
die wir verloren haben.

Du hast mir
so viel gegeben
in der viel
zu kurzen Zeit
unserer Verzauberung.

Mit Haut und Haaren

Mit Haut und Haaren
bin ich dein,
mit Herz und Seele
obendrein.

Mit Händen und Füßen
umarm ich dich,
mit Augen und Lippen
umgarn ich dich.

Du bist mir
auf den Leib geschrieben,
mir bleibt nichts übrig,
als dich zu lieben.

Vorlieben

Manche lieben es,
Arm in Arm abends
im Park zu schlendern
und in stillen Augenblicken
den Wind in den Bäumen
leise singen zu hören
vom Ende des Wartens.

Andere gehen gern zu Festen,
tanzen, lachen,
amüsieren sich mit Freunden
und leben erst richtig auf,
wenn alle Welt sieht,
wie gut sie zusammenpassen.

Einige unterhalten sich stundenlang,
reden über ihre Vergangenheit,
gestehen ihre kleinen Schwächen
und großen Hoffnungen,
erzählen von verflossenen Lieben
und spüren, wie sich mit jeder Minute
eine neue Tür zwischen ihnen öffnet,
bis einer der beiden flüstert:
»Liebe ist, wenn man keine
Geheimnisse voreinander hat.«

Wieder andere quälen
und verwöhnen sich,
streiten und versöhnen sich,
lieben so stark wie sie hassen,
würden sich liebend gern trennen,
kommen aber nicht voneinander los.

Nicht wenige gehen miteinander
durch dick und dünn,
teilen gute und schlechte Zeiten
und schätzen es über alles,
nach einem schweren Tag
abends am Küchentisch
bei einem Glas Wein
und Kerzenlicht zu sitzen
und sich geborgen zu fühlen.

Manche lachen für ihr
Leben gern zusammen,
über die guten und zur Not
auch über die schlechten Witze,
die das Leben ihnen erzählt.

Alle haben ihre speziellen
Lieben und Vorlieben.
Alle versuchen,
ihr Schicksal zu bestechen,
ihre Möglichkeiten zu erweitern,
und, falls alle Stricke reißen,
so gut wie möglich zu scheitern.

Was mich betrifft —
ich liebe es am meisten,
wenn das Glück
zwischen uns so wuchert,
daß es eine helle Freude ist,
ihm beim Wachsen zuzusehen.

Schlaflos

Wie kann eine Nacht
schlaflos und schwierig
und dann wieder
so schön sein?

Schön, weil ich mich
dir nahe fühle.
Schwierig, weil ich
nicht weiß, wo du bist
und warum ich
so schlaflos bin.

Erst dann

An dich denken
hilft mir nicht,
wenn ich dich
nicht in mir fühle.

Mich auf dich freuen
ist ein schwacher Trost,
wenn wir uns zu lange
nicht gesehen haben.

Erst wenn du
wieder da bist,
wenn uns der Zauber
wieder trägt und mit
seinen Wundern erfüllt —
dann ist es mir,
als hätte er nie
nachgelassen.

Höchste Zeit

Wir haben viel zu lange
nicht mehr den ganzen Tag
im Bett gelegen und nach
imaginären Dienern gerufen,
die wir Jakob oder James nannten
und die niemals kamen
mit den gewünschten Eisbechern
und Früchtetees und Knabbereien,
weil sie ausgerechnet heute
ihren freien Tag hatten.

Zu lange haben wir nicht mehr
dem lieben Gott den Tag gestohlen
und die ganze Nacht.

Höchste Zeit,
daß wir die Zeit vergessen,
daß wir uns wieder tüchtig sattessen
an allem, was die Liebe
so köstlich macht.

Weniger ist manchmal mehr

Manchmal mußt du
mich allein lassen,
damit ich das Gute,
das du mir gibst,
in mir nachklingen lassen kann.
Zuviel Honig
macht den Tee zu süß.

Nur aus Liebe

Der Sprung über
den eigenen Schatten
ist eins der schwierigsten Kunststücke,
das nur aus Liebe glückt.

Prägungen

Laß mich ausreden,
sagst du mir —
weil deine Mutter
dir oft nicht
richtig zugehört hat.

Ich hab manchmal
panische Angst,
daß du einfach gehst,
sagst du mir —
weil dein Vater fortging,
als du noch ein Kind warst.

Ich bin nicht deine Mutter
und nicht dein Vater.
Vielleicht höre ich dir
richtig zu und vielleicht
verlasse ich dich nicht.

Entweder — oder

Du sagst,
ich soll dir
mehr Freiheit geben.
Wie kann ich dir geben,
was dir längst gehört?

Wenn du deine Freiheit
nicht in unsrer Liebe findest,
stimmt etwas nicht
mit unserer Liebe
oder mit deiner Suche.

Suchannonce I

Frau gesucht,
die mir das
Wasser reichen kann,
wenn ich ihr
das Feuer gebe.

Suchannonce II

Unverbesserlicher Feinschmecker,
der sich von allen Frauen,
die er kannte,
die Rosinen herausgepickt hat,
sucht eine Frau,
die ganz Rosine ist.

Träume leben

Träume leben,
wenn wir sie wirklich lieben.

Liebe ist eine Kraft,
die Wünsche in Wirklichkeit
verwandeln kann,
wenn wir sie wirklich leben.

So

Lieben wir uns
jeden Tag so,
als würden wir
am nächsten Tag sterben,
wird unsere Liebe
eines Tages
unsterblich.

Opfer der Sehnsucht

Opfer der Sehnsucht
haben es nicht leicht:
immer ein Ideal in der Seele,
gegen das die Wirklichkeit
allzuoft enttäuscht.
Immer auf der Suche
nach einer Faszination,
die so stark ist,
daß sie die Angst nimmt,
die Langeweile vertreibt
und das Vertrauen weckt
aus dem Schlaf
der sogenannten Realität.

Sprung über den Abgrund

Mir wird schwindelig,
wenn ich in den Abgrund
zwischen uns hinunterschaue,
der sich plötzlich auftut,
unerwartet wie alle Enttäuschungen.

Und ich denke an die ungezählten
Stunden der Nähe,
in denen wir
eine neue Welt
geschaffen haben;
doch Vergangenes hat mich
noch niemals trösten können.

Da hilft nur der
Sprung über den Abgrund:
etwas für Leute,
die ihr Leben
für ihr Leben einsetzen.

Neuland

Wir gehen lieb
miteinander um,
fassen kein Eisen an,
das noch heiß sein könnte.
Unsere Blicke tasten
sich behutsam vor
bei den ersten Schritten
ins Neuland der Gefühle.

Nichts wird mehr sein
wie es war.

Gute Wünsche

Du gabst mir nur
die Zinsen der Liebe,
die du seit Jahren für einen
Märchenprinzen sparst,
der Diamanten in deine Hände
spuckt wie Kirschkerne
nach einem Kuß von dir.
Der dir Wünsche erfüllt,
von denen du nicht
einmal zu träumen wagtest.
Der deine Seele fliegen lehrt,
damit du endlich
tanzend einkaufen gehen,
singend im Wartezimmer
des Zahnarztes sitzen
und mürrischen Zeitgenossen
auf der Straße Kußhändchen
zuwerfen kannst.

Ich hoffe, du findest
deinen Märchenprinzen –
doch wundere dich nicht,
wenn er durch dich hindurchschaut
auf der Suche
nach seiner Märchenprinzessin,
die du nicht bist.

Entscheidungsfrage

Um sie zu bewahren,
mußte ich meine Gefühle
zu dir vor dir verstecken,
tief unter meiner Haut.

Wenn du sie finden willst,
mußt du ganz aus dir heraus
in mich hineingehen.

Dann wird sich zeigen,
was dir wichtiger ist:
unser freier Himmel
oder dein Schneckenhaus.

Gleichgewicht

Ich brauche
so viel von dir,
wie ich dir gebe,
um dir immer mehr
geben zu können.

Nur eine Ebene,
die wir zugleich ersteigen,
ist ein tragfähiger Boden.

Ein Gleichgewicht,
das sich in immer
größere Freude steigert –
so spiegelt sich
die Liebe in den Augen
meiner Sehnsucht.

Zum Abschied

Ich mußte dich zurücklassen
im Haus der hoffnungslosen Widersprüche,
wo deine Liebe wie ein Felsen schlief –
nur manchmal zärtlich im Traum zu mir flüsterte.

Ich saß lange an ihrem Bett
und streichelte ihr Haar –
doch mir gelang kein Kuß,
der sie erwecken konnte.

Dornröschen schlief hundert Jahre,
und als ihr Märchenprinz sie wachküßte,
war sie jung und schön wie du.
Doch dein Leben ist kein Märchen.

Pech

So schnell,
vom Spätsommer auf den Herbst,
kann ein gutes Gefühl schwinden,
Stück für Stück —
und ein Verlust zieht den nächsten
nach sich,

wie jeder Gewinn
den nächsten gesteigert hätte.

Schlaflied in Moll

Tränen über das,
was nicht ist,
was hätte sein können...

Traurige Musik,
warum höre ich dir zu?
Du sagst mir nichts Gutes,
ich bin nur zu erschöpft,
dich abzustellen.

Also wiege mich
in den Schlaf,
der mich von dir befreit.

Wenn wir uns so anschauen

Es ist mir egal,
wie du heißt und was
du gelernt hast und wo
du in der Gesellschaft stehst.
Wenn wir uns so anschauen,
gewinnen wir eine andere Welt,
die nur uns gehört,
die wir wie neugeboren betreten –
ohne die Last des Vergangenen
auf unseren Seelen.

So weit entfernt

Dein Gesicht
hat sich so weit
von meinem Traum entfernt,
daß ich es nicht mehr
vor mir sehen kann,
wenn ich die Augen schließe
und das Wort ›Glück‹ denke,
auf das dein Name
sich einmal gereimt hat.

Was nützen Worte

Dein Lächeln ist nicht mehr genug,
deine Schönheit, deine Nähe,
wenn du die Gefühle,
die du in mir ins Leben rufst,
so schnell in die Verbannung
oder in den Tod schickst.

Ich hätte nie gedacht,
daß wir so tief fallen können.
Doch was nützen Worte,
wenn unser Schweigen versagt.

Nur so

Unser Weg zueinander
führt nicht über die
unsichere Brücke der Sprache.
Nur mit den Sinnen
finden wir den Sinn
unserer Zuneigung.

Schau mich an,
berühr mich, fühl mich,
rieche, schmecke mich,
entdecke mich mit
Herz und Hand und Haut.

Nur so wirst du
mit mir vertraut.

Auf der Durchreise

Auf der Durchreise
war deine Liebe
in meinem Herzen.

Vielleicht war es
für sie nur
ein Dach überm Kopf
für eine Nacht...

Oder hatte sie
es so eilig
aus Angst,
den Grund
zum Weiterreisen
zu verlieren?

Nimm den ersten Zug

Auch wenn du kein Geld
und keine Reisetasche
mit frischen Sachen
und Zahnbürste dabei hast −

auch wenn du nicht weißt,
wohin die Reise geht
und wie du wieder
zurückkommen kannst −

nimm in der Liebe
immer gleich den ersten Zug.

Treffsicher

Du machst mich
auf unverhoffte Art glücklich
mit der treffsicheren Unschuld
deiner Berührungs- und Verführungskünste,
die sich von allen Seiten
an mich heranschleichen,
während ich gebannt dasitze
und mein Glück nicht fassen kann,
das sich zwischen uns tummelt.

Zwischen Ja und Nein

Zwischen Ja und Nein
stehst du zu mir.

›Jain‹ steht auf dem
Zettel an deiner Tür.

Ich glaube, ich klopfe
lieber nicht mehr an.

Du bist bestimmt vollauf
beschäftigt mit deinen Zweifeln.

Nicht mich

Du hast deine Macht
über mich verloren,
weil du sie mißbraucht hast.

Nun wirst du gehen,
weil du deine Macht
über mich geliebt hast,
nicht mich.

Jetzt möchte ich singen

Ich finde keine Sprache,
die beschreiben könnte,
was in mir geschieht,
seit du mir geschehen bist.

Wir trafen uns im Regen,
schauten uns an,
zwei Fremde noch —
doch jeder Regentropfen
war wie ein kleiner Kuß von dir
auf mein Gesicht.
Das Leuchten deiner Augen
strahlt in mir nach —
ein Licht, in dem ich sehe,
was mir fehlte.

Auch wenn's mir wieder fehlen wird:
Jetzt möchte ich singen,
jetzt möchte ich tanzen,
in deine Blicke tauchen,
mit deinen Haaren spielen
und deinen Körper ganz nah
an meinem fühlen.

Alles in mir hast du berührt —
es kreist, es leuchtet und vibriert.

Sinne

Ich roch deinen Duft
im Frühlingswind
und berauschte mich an ihm.

Ich schmeckte deinen Kuß
in der Frische des Quellwassers
und nahm es in mich auf.

Ich sah dein Licht
in einem Sternenhimmel
und öffnete ihm meine Seele.

Ich fühlte deine Berührung
in der Wärme der Sonnenstrahlen
und gab mich ihnen hin.

Ich hörte deine Stimme
im Rauschen des Flusses
und lauschte ihm.

Ich fand dich
mit meinem sechsten Sinn
und fühlte, roch und schmeckte
deine Liebe, bis mir
Hören und Sehen verging.

So vieles an dir

Neulich sagtest du mir,
meine Liebe stehe
immer neben dir,
und wenn mal was daneben gehe,
flüstere sie dir ins Ohr:
»Macht nichts...«

Gestern gingen wir nebeneinander
durch die Straßen,
und plötzlich mußte
ich dich mitten auf
dem Gehweg an mich drücken,
denn deine Art,
neben mir zu gehen,
ließ mir keine andere Wahl.

So vieles an dir kommt zu mir,
als wäre es das erste Mal.

Deine kleinen leisen
Küsse durchs Telefon –
wie bunte Liebesperlen,
die vom Ohr direkt
in den Bauch kullern.

Dein langes Schweigen,
das mir so sachte hilft,
überflüssige Worte ungesagt
abzuwerfen wie Sandsäcke
beim Aufstieg in größere Höhen.

So vieles an dir,
das mich trifft und bewegt
und mir durch und durch geht.

Wenn der Clown in dir
zu tanzen anfängt
und verrückte Kußhände
in mein Herz wirft.

Wenn das kleine Mädchen
in dir nackt und vertrauensvoll
sich in meine Achselhöhle kuschelt
und wie berauscht
unserem Atem lauscht.

So vieles an dir,
das mich immer wieder
überrascht und rührt —
und sanft und sicher
ins Innerste
des Lächelns führt.

Intimsphären

Unsere Liebe hat mich neu geboren.
Durch dieselben alten Straßen
gehe ich mit neuen Augen,
neuer Nase und neuem Gang.
Neue Gerüche finde ich in der Luft;
Häuser, erleuchtete Fenster, Bäume,
an denen ich so oft vorbeiging,
scheinen wie neu erschaffen
in der Offenheit meiner Blicke.

Die ganze Stadt ist anders,
wo immer ich auch hingehe.
Nirgendwo spüre ich die Jahre,
die ich hier schon verlebte.
Auch die Menschen auf den Straßen
sehen mich mit andren Augen an,
als merkten sie etwas.

Und muß ich in ein großes Kaufhaus,
um irgend etwas zu besorgen,
tun mir die Augen schneller weh
in dem gräßlichen Neonlicht,
und meine Seele gerät viel eher
als sonst in Atemnot –
und ich muß raus
ins Freie.

Und manchmal,
über einem Buch,
bei einer Arbeit
oder irgendwo unterwegs,
muß ich innehalten,
stehenbleiben, die Augen schließen
und dir meinen Dank senden
für all die lächelnden Gefühle,
die du mir schenkst.

Es ist ein seltsames Gefühl,
dieses Gedicht an dich zu schreiben
und plötzlich daran zu denken,
daß Tausende es lesen werden
in absehbarer Zeit.

Aber ich lasse mir
von keinem Einzigen
über die Schulter gucken,
wenn ich mit Worten intim bin.

Wie ich mir
von keinem einzigen Wort
über die Schulter gucken lasse,
wenn ich mit dir intim bin.

Du bringst mir Glück

Du bringst mir Glück,
wenn du kommst –
und du läßt es mir,
wenn du gehst.

So geben kann nur,
wer reich ist.

Ich sage leise deinen Namen,
und es beginnt
in mir zu fließen –
wie eine Quelle,
aus der ich
Freude trinke.

Der Weg ist das Ziel

Der Weg ist das Ziel,
wenn Traum
und Wirklichkeit verschmelzen.
Der Moment ist das Glück,
wenn Worte und Gedanken flüchten
vor dem Glanz
unserer Gefühle füreinander.

Laß alle Feuer brennen

Laß alle Feuer brennen,
lösch keins aus!
Wir brauchen alle,
sie müssen flackern, leuchten,
damit die Nacht zum Tag wird,
das Vielleicht zum Ja,
der Wunsch zum Leben.

Nach Möglichkeit

Wir sind uns
nahegekommen.
So nah,
daß wir uns
noch näher
kommen wollen.
Nach Möglichkeit
so nah
wie möglich.

Ideales Zusammensein

Nähe ohne Beengung
Geben ohne Erwartung
Zärtlichkeit ohne Absicht
Spiel ohne Kampf
Vertrautheit ohne Ansprüche
Liebe ohne Forderungen
Zauber ohne Ende

Du lebst in mir

Wohin du auch gehst,
du bist in mir geblieben.
Wo immer du auch wohnst,
du lebst in mir.
Sogar die Zeit ist bestechlich,
wenn die Liebe
ihr nur ein Lächeln schenkt.

Inhalt

Hans Kruppa

»Da spricht einer ganz natürlich von einem uns heute fast abhanden gekommenen Wort: von Liebe. Er bekennt sich mutig zum Gefühl und zu den Unwägbarkeiten, es zu leben.«
Hans Jansen, Westdeutsche Allgemeine Zeitung

Eine Auswahl:

Eine gute Zeit
Erzählungen · 216 Seiten · Ln · DM 24,–

Nur wer sich liebt
Gedichte · 96 Seiten · Ln · DM 18,–
Mit sieben Grafiken von Annette Grüschow

Mach Dir den Tag zum Freund
Ein Geschenkkalender mit zwölf Monatsbildern von Annette Grüschow
104 Seiten · Pb · DM 9,80

Liebesgedichte
96 Seiten · Ln · DM 18,–

Ein Abend mit Dir
Roman · 200 Seiten · Pb · DM 22,–

Preisänderungen vorbehalten

Schneekluth

Hans Kruppa

Nur für Dich
8869

Nur wer sich liebt
8971

Schau mal rein
8920

Liebesgedichte
9266

Ein Abend mit Dir
9234

KAITO
Ein Märchen
9422

Mitgefangen – Mitgehangen
Irrwitzige Geschichten
9457

Die fliegenden
Erdbeeren
Roman
9631

GOLDMANN